# Êtr Prêcheur Pour Lui

Kenny Nantwi

**Être un Prêcheur pour lui**

Copyright © 2022 par Kehinde Toyin Odeneye Nantwi

**Publié par**

Sophos Books

Croydon

CR0 0AZ

Sauf indication contraire, toutes les citations bibliques sont tirées de la version *King James de la Bible*.

Les citations bibliques marquées NIV sont tirées de la *Nouvelle version internationale*.

Les citations bibliques marquées AMP sont tirées de la *Bible amplifiée*.

ISBN 978-1-905669-77-6

Conception de la couverture

Imprimé au Royaume-Uni

# CONTENU

*Ce livre est dédié au Dieu unique et sage,*
*celui qui m'a sorti de la glaise.*

# REMERCIEMENTS

Avant tout, je remercie Dieu le tout-puissant pour la grâce et le privilège d'être un ouvrier dans sa vigne.

Je suis profondément reconnaissante à mon mari, le révérend Kwabena Poku Nantwi, et à ma fille, Mme Queen Olufemi Afolake Kene (née Okunsanya), pour leur soutien inestimable et leurs encouragements pour ce livre.

Je suis reconnaissant à mes deux frères aînés, M. Seth Adetunji Odeneye de l'archevêque *Vine Church* GRA Ikeja, Lagos, M. Emmanuel Olaseni Babatunde de *Deeper Life* Gbagada (siège social) et mon frère jumeau, le Dr Taiwo Odeneye, de *Mountain of Fire Ministries* Phoenix Arizona États-Unis. Ce sont les trois fils brillants de mon père, qui ont été fervents dans la vigne. Je vous remercie pour toutes vos contributions et votre soutien.

Mme Adeola Oguntoyinbo m'a mis au défi d'écrire ce livre. Quand j'ai brûlé les bougies de minuit, elle était là pour m'encourager. Je vous remercie pour vos encouragements.

Troisièmement, ce livre a bénéficié de la collaboration de *King of Salem Ministries International* avec nos partenaires d'action sociale, de prière et de charité.

Enfin, je tiens à remercier les nombreuses personnes qui ont lu les premières versions du manuscrit pour leurs commentaires.

# CHAPITRE 1

## SIGNIFICATION ET IMPORTANCE DE L'ÉVANGÉLISATION

L'évangélisation est un outil de récolte globale pour le Royaume de Dieu. C'est la grande mission donnée à chacun d'entre nous en tant que chrétiens et pas seulement aux pasteurs, apôtres, enseignants, etc. Notre principal devoir en tant que chrétiens est de faire des disciples pour Jésus dans les nations dans lesquelles nous sommes nés, nous résidons ou nous avons été envoyés (Matthieu 28:19; Marc 16:15).

En tant qu'évangélistes, notre principal devoir est de nous assurer que nous parlons aux gens du salut par la foi dans le Seigneur Jésus. Nous devons explorer les moyens de le faire en apportant la preuve de transformations réelles dans la vie de ceux qui sont servis ou auxquels nous prêchons. Il est également important de noter que la méthode d'évangélisation est souvent dictée par le type de contexte dans lequel nous nous trouvons en tant qu'évangélistes. Nous devons profiter de chaque occasion pour parler de Jésus aux gens, que ce soit de maison en maison, dans les communautés locales ou au niveau national ou international.

La Bible dit, *"Allez donc, enseignez toutes les nations, les baptisant au nom du Père, du Fils et du Saint-Esprit"* (Matthieu 28:19 KJV).

## POURQUOI ÉVANGÉLISONS-NOUS?

La raison principale pour laquelle nous évangélisons est de gagner des âmes à Christ, d'amener de nouveaux convertis au Royaume et de les former jusqu'à ce qu'ils deviennent de vrais disciples de Christ. Lorsque nous évangélisons, nous:

- Prêchons la bonne nouvelle aux pauvres ; aux personnes dont les âmes ont été éloignées du seul vrai Dieu.

- Installons les cœurs brisés pour leur guérison et leur réconfort; les personnes qui ont été brisées et battues par divers défis.

- Dites aux captifs et aux prisonniers du diable qu'ils ont été libérés; les personnes qui ont été tenues liées par des forces ou des habitudes méchantes.

- Annoncez que le temps est venu pour le Seigneur de montrer sa bonté aux opprimés et de déchaîner son châtiment ou sa vengeance sur l'oppresseur.

- Apporter le réconfort de Dieu à ceux qui sont en deuil ou tristes pour diverses raisons.

- Reconstruire les vieilles ruines et relever les anciennes désolations de nombreuses générations.

## L'IMPORTANCE DE L'ÉVANGÉLISATION

L'évangélisation est très importante et doit être faite avec un sentiment d'urgence car les âmes iront en enfer si elles ne sont pas sauvées. Les âmes seront confrontées à la damnation éternelle si elles n'acceptent pas le Seigneur Jésus comme leur Seigneur et leur sauveur.

En tant que chrétiens qui, par grâce, ont été sauvés par la foi, nous ne sommes pas bien si nous ne nous préoccupons pas du destin des âmes qui se dirigent vers l'enfer. La Bible dit:

> "Qu'il sache que celui qui convertit le pécheur de l'erreur de sa voie sauvera une âme de la mort, et cachera une multitude de péchés."

**(Jacques 5:20)**

Nous avons le devoir de prier pour les âmes et de parler aux gens de l'Évangile du Seigneur Jésus et du destin des âmes qui sont sans Christ.

## QUELLE EST L'URGENCE DE CETTE TÂCHE?

C'est très urgent car les âmes meurent chaque jour et après la mort, il y a le jugement. La Bible dit:

> "Et comme il est réservé aux hommes de mourir une fois, mais après cela le jugement."

**(Hébreux 9:27 KJV)**

Si une personne meurt sans Christ, la fin est tragique. Par conséquent, nous devons être sérieux dans la conquête des âmes.

## SE CONCENTRER SUR VOTRE APPEL EN TANT QUE ÉVANGÉLISTE

Maintenant que nous connaissons la tâche qui nous attend, nous devons nous préparer et nous concentrer. Nous devons comprendre que nous avons donné nos vies au Seigneur Jésus pour qu'il les utilise afin de rassembler des âmes dans le Royaume de Dieu et de montrer la puissance de Dieu par des signes et des prodiges.

Se concentrer sur son appel en tant qu'évangéliste est extrêmement important, car cela permet d'éviter les distractions qui entraveront votre marche avec Dieu et votre travail pour Dieu. Le Seigneur Jésus-Christ a donné aux croyants un exemple parfait de ce que signifie être concentré sur l'évangélisation pendant son ministère terrestre. La prédication de l'évangile était un "must" pour Lui.

> "Et il leur dit : Il faut que j'annonce aussi le royaume de Dieu dans d'autres villes ; car c'est pourquoi je suis envoyé."
>
> **(Luc 4:43)**

De même, l'apôtre Paul, suivant les pas du Maître, nous a fourni un excellent exemple. Il a déclaré que la prédication de l'évangile était une nécessité.

"Car si je prêche l'Évangile, je n'ai pas de quoi me glorifier, car la nécessité m'en est imposée; oui, malheur à moi, si je ne prêche pas l'Évangile !"

**(1 Corinthiens 9:16)**

# CHAPITRE 2

# GAGNEURS D'ÂMES ET EVANGÉLISTES

## LES GAGNEURS D'ÂMES

Gagner des âmes consiste à gagner efficacement une âme individuelle pour Jésus-Christ à chaque fois. Les gagneurs d'âmes sont toujours intéressés à voir les gens sauvés partout où ils vont; ils parlent aux gens dans le but de sauver l'âme de la personne. Il ne s'agit pas seulement d'inviter les gens à l'église ou de convaincre une personne que le christianisme est une bonne religion.

Le principal objectif d'un gagneur d'âmes est de parler aux incroyants du Royaume de Dieu et de s'assurer que les âmes qui étaient autrefois sous l'emprise du mal reviennent à Dieu. En tant que gagneur d'âmes, votre objectif principal est de vous assurer que les âmes ne finiront pas en enfer.

Les gagneurs d'âmes s'engagent à témoigner. Un témoin est un individu qui proclame, annonce et témoigne ou déclare ce que Dieu a fait pour lui ou elle à d'autres dans le but d'amener les autres à croire et à accepter Jésus comme leur Seigneur et Sauveur ou même de persuader ceux qui ont rétrogradé de reconsacrer leur vie à Jésus.

Un témoin, selon le révérend Toby Iweka, dans son manuel de formation J.E.T, écrit que "chaque chrétien est appelé à être un témoin pour Jésus-Christ". En tant que chrétiens, nous sommes censés témoigner et démontrer le fait que Jésus est le Seigneur de nos vies par notre façon de parler et notre bon caractère. Vous devenez un témoin vivant lorsque vous partagez la parole de Dieu avec les noncroyants, non pas une fois de temps en temps mais comme un style de vie.

Les mots que vous prononcez et la manière dont vous vous comportez en tant que témoin vivant du Seigneur Jésus doivent être en accord avec la parole de Dieu et avec ce que la

Bible dit que l'on attend de nous en tant que chrétiens. Vous ne pouvez pas prétendre être un témoin vivant si votre style de vie ne dépeint pas ce que vous prêchez. Être un témoin vivant du Seigneur Jésus n'est pas non plus négociable. C'est l'essence même de la vie chrétienne. Ce n'est pas quelque chose que nous pouvons choisir de faire ou de ne pas faire. C'est quelque chose qui doit découler naturellement de notre vie de chrétien.

Un gagnant d'âmes constant ne passera pas un jour sans penser aux personnes qui doivent encore donner leur vie au Seigneur Jésus.

Ils sont toujours accablés par le salut des âmes perdues. En ce qui concerne le gagneur d'âmes, lorsque nous ajoutons Proverbes 11:30 à Daniel 12:3, on peut lire: *"Le fruit du juste est un arbre de vie, et celui qui gagne des âmes est sage... Et ceux qui sont sages brilleront comme l'éclat du firmament, et ceux qui ramènent beaucoup de gens à la justice comme les étoiles, aux siècles des siècles."*

## LES ÉVANGÉLISTES

Les évangélistes sont l'un des cinq types de ministres du Nouveau Testament, les autres étant les apôtres, les prophètes, les pasteurs et les enseignants.

"Et il a donné aux uns des apôtres, aux autres des prophètes, aux autres des évangélistes, aux autres des pasteurs et des docteurs."

**(Éphésiens 4:11)**

Un évangéliste est pleinement engagé dans là conversion des âmes à la foi chrétienne, notamment par la prédication publique. Certains évangélistes se déplacent souvent de lieu en lieu pour organiser des réunions religieuses programmées pour gagner des âmes au Royaume de Dieu.

L'objectif principal de l'évangéliste est d'aller dans diverses communautés à la recherche des perdus et de les amener dans les églises locales qui croient en la Bible afin de les éduquer et de les former. Les évangélistes utilisent différents types de médias (brochures, affiches, prospectus, médias sociaux, publicités télévisées et radiophoniques) pour organiser des croisades et des programmes visant à rassembler et à servir les non-croyants. Un aspect important du métier d'évangéliste est la capacité à mettre en relation les nouveaux convertis avec des chrétiens et des églises fiables et craignant Dieu dans leurs communautés, qui peuvent aider à préserver la moisson d'âmes de la décadence.

En fait, préserver la moisson d'âmes devrait être une priorité dans l'agenda d'un évangéliste, car les nouveaux convertis peuvent facilement glisser vers leurs anciens modes de vie, si on ne leur enseigne pas correctement les principes fondamentaux du christianisme et ce qu'ils doivent faire pour grandir en tant que jeunes croyants.

L'apôtre Philippe Mohair, dans son livre Les mains de Jésus, définit un évangéliste comme un pêcheur d'hommes rempli d'une passion pour les perdus, ceux qui ne vont jamais à l'église. Il/elle brûle d'une passion pour voir les gens convaincus et convertis, détournés du péché et réconciliés avec le Seigneur Jésus-Christ par une repentance sérieuse. Grâce à leur prédication, les personnes non sauvées réaliseront soudainement qu'elles ont mené une vie indigne. Le désir de l'évangéliste est de convaincre un peuple sans amour, blessé et confus que Dieu l'aime et se soucie de lui. Un évangéliste a un véritable appétit de voir des âmes sauvées du gouffre de l'enfer ; il voit un ministre potentiel de Dieu dans chaque pécheur ou âme non sauvée ; il est poussé par la compassion pour les âmes mourantes de l'humanité ; sa motivation vient de l'expérience personnelle de l'effet de l'amour de Jésus. Cela crée un élan pour aller à la rencontre des inconvertis, quel qu'en soit le coût.

La Bible dit ce qui suit:

> "Car l'amour du Christ nous commande et nous contraint, puisque nous avons conclu ceci : un seul est mort pour tous, donc tous sont morts ; et il est mort pour tous, afin que tous ceux qui vivent ne vivent plus pour eux-mêmes, mais pour celui qui est mort et qui est ressuscité à cause d'eux."

**(2 Corinthiens 5:14-15)**

Un évangéliste est motivé par l'amour de Jésus qui contrôle, contraint et englobe, il a une véritable compassion pour les incroyants et veut les voir sauvés de la destruction.

Que vous soyez un évangéliste, ou un gagneur d'âmes, Jésus a dit:

> "Mais vous recevrez une puissance, après que le Saint-Esprit sera descendu sur vous; et vous serez mes témoins à Jérusalem, dans toute la Judée, dans la Samarie, et jusqu'aux extrémités de la terre."

**(Actes 1:8)**

# CHAPITRE 3

## LES OUTILS DE L'ÉVANGÉLISATION

### LA PRIÈRE ET LA PAROLE

En tant qu'évangéliste ou gagneur d'âmes qui va constamment à la pêche de nouveaux convertis, votre outil d'évangélisation le plus puissant est la prière et la Parole. Vous devez veiller et prier quotidiennement et vous assurer que votre autel de prière est en feu. Peu importe vos sentiments à l'égard des âmes, vous aurez besoin d'une vie de prière dynamique associée à une connaissance des Écritures pour être un évangéliste efficace et efficient. Vous devrez être en contact permanent avec Dieu par la prière. Votre fort désir de voir des âmes sauvées devrait en fait être l'une des choses qui vous motivent à étudier la parole de Dieu et à mener une vie de prière. N'oubliez pas que lorsque nous parlons de faire passer les âmes des ténèbres à la lumière, nous luttons contre des forces maléfiques invisibles. Nous essayons de libérer les gens d'un homme fort qui a juré de ne jamais laisser les gens voir la lumière de l'évangile glorieux. Ainsi, s'armer de la bonne dose de la Parole de Dieu et de la prière devient une nécessité plutôt qu'une option. C'est nécessaire pour que nous ne soyons pas victimes de notre propre ignorance.

Dans Luc 18:1, le Seigneur Jésus a dit, "*Les hommes doivent toujours prier, et ne pas s'évanouir.*" Nous devons donc nous garder de toute complaisance, en priant et en étudiant quotidiennement la Parole de Dieu afin de devenir efficaces et efficients dans ce que nous avons été chargés de faire. Même lorsque la question de la distribution de nourriture s'est posée dans l'église primitive, les apôtres ont dû prendre une décision rapide, afin de ne pas être distraits de la prière et de l'étude de la Parole.

Il est très important de persévérer dans la prière pour les nouveaux convertis, car cela permet d'éveiller la force profonde de l'âme à la grâce céleste de Dieu.

## FOI ET AUDACE

La foi est indispensable lorsque vous êtes sur le terrain en tant que "Go-Getter" pour Jésus. Sans la foi, vous ne pouvez pas être un évangéliste efficace ou un gagneur d'âmes dans le Royaume de Dieu. Votre foi en Dieu pour toucher les cœurs et faire des miracles doit être très élevée.

En d'autres termes, les doutes et l'incrédulité ne doivent pas résider dans votre cœur. Lorsque vous exercez votre ministère auprès des gens, croyez que les paroles que vous prononcez pénétreront dans leur cœur et détruiront toutes les forteresses qui les retiennent. Lorsque vous êtes fort dans la foi, vous maîtrisez totalement la situation dans laquelle vous vous trouvez.

Lorsque nous évangélisons, nous devons réaliser que nous ne pouvons pas amener les gens à Jésus-Christ par nos propres moyens. D'où la nécessité d'être uniquement dépendant de Dieu pour que les âmes soient sauvées. L'éloquence, le charme et le charisme n'ont pas la capacité de toucher le cœur d'un pécheur. Ces qualités humaines ne peuvent qu'impressionner lorsqu'il s'agit de gagner des âmes. C'est Dieu qui attire les gens, selon la Bible dans Jean 6:44. La foi en Dieu pour sauver les âmes est donc vitale lorsque nous sommes sur le champ de mission.

Oui, les ouvriers comme vous et moi sont peu nombreux et Dieu veut que nous soyons au service des gens pour tenter d'accomplir son dessein sur terre, mais nous devons encore croire en Dieu pour chaque âme. Que Dieu utilisera notre discours pour toucher leur cœur lorsque nous leur parlerons de Jésus-Christ. La Bible dit,

> "Personne ne peut venir à moi si le Père qui m'a envoyé ne l'attire [en lui donnant le désir de venir à moi]".

**(Jean 6:44 AMP)**

L'audace est une volonté de faire des choses sans tenir compte des risques ou des craintes que cela implique. L'audace dans le contexte de l'évangélisation est déclenchée par la foi en Dieu et la présence du Saint-Esprit dans le croyant. Les apôtres d'autrefois manifestaient de l'audace dans leur ministère.

> "Or, voyant l'audace de Pierre et de Jean, et percevant qu'ils étaient des hommes sans instruction et ignorants, ils s'étonnèrent et reconnurent qu'ils avaient été avec Jésus."

**(Actes 4:13)**

Lorsque le Sanhédrin (Conseil religieux juif) a convoqué les apôtres et leur a ordonné de ne pas parler du tout et de ne pas enseigner au nom de Jésus, ils ont répondu en leur demandant de juger s'il était juste aux yeux de Dieu de les écouter plutôt que d'écouter Dieu, et ont déclaré en outre qu'ils ne pouvaient que dire les choses qu'ils avaient vues et entendues. C'était une démonstration claire de hardiesse. L'audace du gagneur d'âmes est soutenue par des prières ferventes.

> "Et quand ils eurent prié, le lieu où ils étaient réunis fut ébranlé [un signe de la présence de Dieu] ; et ils furent tous remplis du Saint-Esprit et commencèrent à annoncer la parole de Dieu avec hardiesse et courage."

**(Actes 4:31 AMP)**

## SAGESSE ET DISCERNEMENT DIVIN

Une fois que vous avez consacré votre vie à gagner des âmes pour le royaume de Dieu, vous devez désirer la sagesse divine et vous reposer entièrement sur le Saint-Esprit pour être guidé et recevoir une direction divine. Vous devez constamment désirer et prier pour obtenir la sagesse en tant qu'évangéliste. La sagesse pour savoir quoi dire aux différentes personnes. La sagesse pour dire les bons mots aux bonnes personnes.

Dans Proverbes 4:7, la Bible dit, "*La sagesse est la chose principale; c'est pourquoi, acquiers la sagesse, et avec tout ce que tu auras acquis, acquiers l'intelligence.*" Le discernement est cette capacité à connaître des choses sur les gens qui ne vous ont pas été révélées par quelqu'un d'autre que le Saint-Esprit. C'est un don très important à avoir lors de l'évangélisation. Le discernement divin rend l'évangélisation beaucoup plus facile, car vous n'avez qu'à vous rendre aux endroits où vous avez reçu des instructions, à prononcer les bonnes paroles selon les instructions et à la bonne personne au bon moment. Veuillez utiliser constamment Éphésiens 1:17-23 pour prier pour la sagesse et la révélation.

## CARACTÈRE ET ATTITUDE

Les relations que nous entretenons avec les gens dans notre champ de moisson sont également très importantes et peuvent influencer la décision des gens d'accepter le Seigneur Jésus comme leur Seigneur et Sauveur personnel. D'où la nécessité de veiller à ce que le Seigneur Jésus soit glorifié dans nos relations à la maison, au travail, à l'église ou dans tout autre lieu où nous nous trouvons. La façon dont nous avons des relations avec les autres doit prêcher le Seigneur Jésus. Certaines personnes sont détournées de la foi chrétienne lorsqu'elles voient les attitudes et les comportements impies de personnes qui professent être chrétiennes.

Vous pouvez prêcher Jésus aux membres de votre propre famille, à vos collègues de travail, etc., et les faire sauver par la façon dont vous vous comportez et parlez lorsque vous êtes à proximité d'eux. Il y a des gens qui souffrent et qui sont blessés tout autour de nous et tout ce que vous voulez faire, c'est exercer votre ministère et les faire guérir. Ne leur compliquez pas les choses par votre propre attitude et votre comportement qui sont en contradiction avec ce que la Bible prêche.

# CHAPITRE 4

# LE RÔLE DU SAINT-ESPRIT DANS LA CONQUÊTE DES ÂMES

"Mais Dieu nous les a révélées par son Esprit, car l'Esprit sonde toutes choses, même les plus profondes de Dieu."

**(I Corinthiens 2:10-16)**

Le gagneur d'âmes doit dépendre du Saint-Esprit à tout moment. Il fournira les directives nécessaires pour une évangélisation efficace, à mesure que vous lui céderez.

"Mais le consolateur, qui est le Saint-Esprit, que le Père enverra en mon nom, vous enseignera toutes choses et vous rappellera tout ce que je vous ai dit."

**(Jean 14:26)**

Le Saint-Esprit est celui qui apporte la conviction au pécheur.

> "Cependant, je vous dis la vérité : il vous est utile que je m'en aille ; car si je ne m'en vais pas, le consolateur ne viendra pas vers vous; mais si je m'en vais, je vous l'enverrai. Et quand il sera venu, il reprendra le monde sur le péché, sur la justice et sur le jugement: du péché, parce qu'ils ne croient pas en moi ; de la justice, parce que je vais à mon Père, et que vous ne me voyez plus; du jugement, parce que le prince de ce monde est jugé."

**(Jean 16:7-11)**

Le Saint-Esprit est indispensable lorsque vous évangélisez. Rappelez-vous qu'il connaît toutes les choses. Il connaît toutes les âmes et sait exactement ce qu'il faut faire pour que les gens viennent à Jésus-Christ. Notez également qu'une relation véritable et durable avec la personne du Saint-Esprit n'est possible que si vous êtes doux, obéissant, soumis et prêt à lui obéir de tout cœur.

La manifestation constante du fruit de l'Esprit est une preuve de la présence du Saint-Esprit dans la vie d'un croyant.

> "Mais le fruit de l'Esprit, c'est l'amour, la joie, la paix, la longanimité, la douceur, la

foi, la douceur, la tempérance : contre de telles choses, il n'y a pas de loi."

**(Galates 5:22,23)**

En fait, on ne peut pas être un véritable évangéliste sans l'amour de Dieu. Jésus a été capable d'affronter la mort sur la croix, pour la rédemption de l'humanité, à cause de son amour pour l'humanité. Lorsque l'amour prend la tête de notre vie, il ouvre la porte à la joie, à la paix et aux autres éléments du fruit de l'Esprit.

La décision de cultiver le fruit de l'Esprit est une affaire personnelle. Nous devons faire des efforts conscients pour lui remettre nos volontés et nos émotions, afin qu'il puisse travailler sur nous pour produire ce fruit. Lorsque vous marchez dans l'amour et la joie, la réussite des autres ne déclenchera pas en vous une rage secrète ou évidente de jalousie ou d'envie. Nous devons toujours faire preuve d'un amour et d'une joie authentiques en tant que représentants de Dieu.

Lorsque nous nous soumettons aux tractations et aux enseignements du Saint-Esprit en tant qu'évangélistes, nous apprenons à vivre en paix avec tous les peuples. En tant que personnes essayant de persuader les gens d'accepter Jésus, nous devons avoir une disposition pacifique. La manifestation des fruits de l'Esprit dans nos vies suffit même à faire sauver certaines personnes. Ils voient comment vous vivez, comment vous avez des relations avec les gens, comment vous gérez les situations, ils voient la joie du Seigneur rayonner à travers vous au milieu de défis qui devraient normalement vous accabler et vous briser, et ils se convainquent qu'il doit y avoir quelque chose de plus en vous qu'il n'y paraît.

La gentillesse et la bonté sont des qualités indispensables pour un évangéliste. Le Seigneur Jésus, dans Matthieu 25:34-39, nous a enseigné l'importance de faire preuve de bonté et de répondre aux besoins de ceux qui ont faim, qui ont soif, qui sont étrangers, qui sont nus, qui sont malades et qui sont en prison. Dans Galates 2:10, nous lisons que l'apôtre Paul était désireux d'aider les personnes moins privilégiées.

> "Seulement, ils ont voulu que nous nous souvenions des pauvres, ce que j'étais aussi impatient de faire."

> **(Galates 2:10)**

Le fait d'attirer des âmes nous donne l'opportunité de faire preuve de la bonté aux autres et le récipiendaire de ces âmes doit s'efforcer de le faire pendant l'évangélisation.

Le gagneur d'âmes doit manifester sa foi dans la puissance du Seigneur Jésus-Christ pour sauver. Lorsque nous prions pour le salut des gens, cela doit être fait avec la pleine assurance que Dieu répondra.

> "Mais sans la foi, il est impossible de lui plaire ; car il faut que celui qui s'approche de Dieu croie qu'il existe, et qu'il est le rémunérateur de ceux qui le cherchent diligemment."
>
> **(Hébreux 11:6)**

Le vainqueur de l'âme doit être doux et docile. Vous ne vous vengez pas même lorsque vous avez été traité injustement et que l'on vous a menti. Vous êtes sûr que vous avez Dieu qui justifie et venge tous les méfaits. Avec l'aide du Saint-Esprit, le vainqueur de l'âme est capable de faire preuve de longanimité et de pardonner aux personnes qui ont fait du mal, même si elles refusent de s'excuser. Lorsque vous êtes doux, vous ne vous imposez pas aux autres, même lorsque vous êtes dans une position où vous avez la capacité de contrôler et de dicter le cours des événements.

Un évangéliste doit avoir un cœur très humble envers tout le monde et ne choisira pas à qui prêcher Jésus-Christ, en fonction de sa race, de son âge ou de son apparence. Lorsque vous avez la maîtrise de soi ou la tempérance en tant qu'évangéliste, vous serez efficace dans ce que vous faites. Les gens vont vous agacer et faire des choses qui vous donneront envie de réagir. Mais lorsque tu sais Qui tu représentes, tu choisis l'option qui ne jettera pas le discrédit sur le nom de Dieu.

En tant qu'évangéliste, il ne faut pas qu'on vous trouve en train de révéler aux autres des choses qui vous ont été dites en confidence. En effet, vous rencontrerez des gens qui voudront partager des choses personnelles avec vous, ils vous feront part de certains problèmes et défis qu'ils ont rencontrés, vous devez apprendre à être discret et à chercher de l'aide pour eux, si vous ne pouvez pas gérer la situation seul ou les aider.

L'évangélisation et le gain d'âmes consistent à sortir les gens des différents fossés de la vie et vous avez été appelé à participer aux opérations de sauvetage. Vous devez donc vous armer de tout ce qui est nécessaire pour faire en sorte que les gens soient mis en sécurité en remettant leur vie au Seigneur Jésus. Lorsque le fruit de l'Esprit opère dans votre vie, vous découvrez que vous avez une attitude de sacrifice et de serviteur et que vous êtes prêt à faire un effort supplémentaire pour les nouveaux convertis et les autres, même lorsque ce n'est pas pratique. Ces attitudes sont très éloquentes pour les nouveaux convertis, car ils finiront par comprendre l'amour de Dieu. Ces qualités contribueront à les établir dans la foi et à enflammer leur désir de se concentrer et d'en savoir plus sur Dieu. Examinons Actes 6:1-7, Matthieu 23:11-12, Col 3:12 et Actes 20:35.

# CHAPITRE 5

## OBSTACLES A LA CONQUÊTE DES AMES

"Mais moi, je garde mon corps et je le soumets, de peur que, lorsque j'aurai prêché aux autres, je ne sois moi-même un naufragé."

**(I Corinthiens 9:27)**

Vous avez peut-être décidé d'être évangéliste et de gagner des âmes, mais certaines choses vont vous gêner si vous ne les arrêtez pas. Ces obstacles peuvent affecter le travail d'évangélisation ou même empêcher l'évangéliste d'aller au ciel. En regardant l'Écriture citée ci-dessus, nous voyons que certains efforts sont nécessaires de notre part, pour nous assurer que nous ne mettons pas simplement les gens dans le train vers le ciel et qu'ils restent derrière. Examinons certains de ces obstacles.

## Désobéir au Saint-Esprit

Si nous ne nous soumettons pas à la direction et à l'impulsion du Saint-Esprit, nous essayons de faire cavalier seul, nous ferons des erreurs et nous rencontrerons probablement des difficultés inutiles. Laissez le Saint-Esprit prendre le relais, c'est son œuvre. Il sait ce dont nous avons besoin et ce dont nous n'avons pas besoin. Nous ne pouvons même pas nous permettre de lui désobéir, lorsque nous sommes sur le champ de récolte.

## Manque d'exercices spirituels - étude de la Parole, prière et jeûne

Lorsque nous ne lisons pas la Parole régulièrement, que nous ne prions pas et que nous ne pratiquons pas le jeûne, nous nous mettons également en danger et nous nous exposons à des attaques. En tant qu'évangéliste, vous envoyez clairement le message que vous avez l'intention d'arracher les gens au royaume des ténèbres. Par conséquent, il est nécessaire de se fortifier spirituellement par une étude régulière de la Parole, la prière et le jeûne. La

Bible nous dit de toujours être armés car nous ne luttons pas avec la chair et le sang.

> "Revêtez-vous de toute l'armure de Dieu, afin de pouvoir résister aux ruses du diable. Car nous ne luttons pas contre la chair et le sang, mais contre les principautés, contre les puissances, contre les dominateurs des ténèbres de ce monde, contre la méchanceté spirituelle dans les lieux élevés."

**(Éphésiens 6:11-12)**

## *Vivre une vie de péché*

L'une des choses les plus dangereuses que vous puissiez faire à vous-même en tant que gagneur d'âmes, c'est de vivre dans le péché tout en essayant de gagner des âmes. Vous vous mettrez en danger. En effet, vous ne pouvez pas tirer les gens du même fossé que celui dans lequel vous vous trouvez. Le péché est un fossé et une fosse. Vous ne pouvez même pas prétendre connaître Dieu et permettre au péché de régner dans votre corps mortel. La Bible dit que vous ne pouvez pas dire que vous êtes né de Dieu et vivre dans le péché. Ce n'est pas possible, vous ne pouvez pas être né d'un Dieu sans péché et pur, alors que vous vous ébattez dans le péché.

> "Aucun de ceux qui sont nés de Dieu ne pratique [délibérément, sciemment et habituellement] le péché, parce que la semence de Dieu [son principe de vie, l'essence de son caractère juste] demeure [en permanence] en celui [qui est né de nouveau—qui renaît d'en haut— spirituellement transformé, renouvelé et mis à part pour son dessein]; et il [celui qui est né de nouveau] ne peut pas habituellement [vivre une vie caractérisée par] le péché, parce qu'il est né de Dieu et qu'il désire lui plaire."

**(I Jean 3:9 AMP)**

## La procrastination

Un manque d'engagement ferme et une tendance à la procrastination empêcheront le croyant d'être un gagneur d'âmes efficace. Nous devons céder et agir immédiatement lorsque le Saint-Esprit nous pousse à témoigner à une âme, comme l'a fait Philippe.

> "L'ange du Seigneur parla à Philippe, et dit : Lève-toi, et va vers le midi, sur le chemin qui descend de Jérusalem à Gaza, et qui est désert... L'Esprit dit à Philippe: Approche-toi, et attache-toi à ce char... Philippe courut vers lui, et l'entendit lire le prophète Ésaïe, et il dit: Tu comprends

ce que tu lis? Alors Philippe ouvrit la
bouche et commença à lire la même
Écriture, et il lui annonça Jésus."

**(Actes 8:26,29,30,35)**

Si nous procastinons, des âmes peuvent être
perdues.

# CHAPITRE 6

# MÉTHODES D'ÉVANGÉLISATION

Selon le révérend Toby Iweka, dans son livre intitulé "How to be an Effective Witness" (Comment être un témoin efficace), il existe différentes méthodes qui peuvent être employées lorsque nous voulons évangéliser:

- Témoignage/évangélisation en tête-à-tête.

- Témoignage/évangélisation de porte à porte.

- La prédication en plein air sur la voie publique.

- Témoignage par des chants de louange et d'adoration.

- Témoigner par le biais de l'évangélisation par le théâtre.

- Partage de témoignages.

- Rédaction et distribution de littérature et de CD chrétiens.

### *Témoignage/évangélisation en tête-à-tête*

Le témoignage en tête-à-tête ou témoignage personnel, comme son nom l'indique, c'est lorsque vous avez pris sur vous de répandre la bonne nouvelle quotidiennement en parlant à une personne à la fois et d'obtenir des résultats, c'est-à-dire sauver des âmes. Il se peut que vous n'ayez pas beaucoup de temps à consacrer aux personnes à qui vous parlez, car elles peuvent être en train d'essayer d'aller quelque part ou de se déplacer. Vous devez donc avoir du matériel d'évangélisation avec vous, comme des tracts et des dépliants, qui peuvent expliquer le message que vous essayez de leur faire passer.

Cela peut être très efficace si le prédicateur est très cohérent dans son engagement. Je me suis souvenu qu'il y a quelques années, alors que je faisais mes trajets quotidiens, des personnes donnaient quotidiennement leur vie au Seigneur Jésus parce que j'étais cohérent dans mon témoignage personnel. Je prie pour que le Seigneur nous aide à revenir à ces jours de fécondité dans la conquête des âmes.

### Témoignage/évangélisation de porte-à-porte

L'évangélisation de porte à porte donne l'occasion de parler du Seigneur Jésus aux gens dans leur maison. Ils seront souvent plus détendus et accorderont plus de temps et d'attention. Vous pourrez également entretenir une bonne relation avec la personne ou la famille. Lorsque vous faites de l'évangélisation de porte à porte, vous avez la possibilité d'en savoir plus sur le style de vie d'une personne, ce qui vous aide à connaître les prières qui sont pertinentes pour la situation de cette personne. Vous pouvez même être en mesure de commencer une étude biblique avec la famille ou l'inviter à des réunions où la Parole de Dieu lui sera enseignée, afin qu'elle puisse être ancrée efficacement dans la parole et la prière.

Voici quelques avantages du témoignage de maison à maison:

- L'évangéliste sera en mesure de fournir une aide adaptée aux besoins de la personne ou de la famille. Ils peuvent avoir besoin de prières pour les défis auxquels ils sont confrontés ou de conseils divins sur certaines questions. Par exemple, ils peuvent essayer de vous cacher certaines choses, mais lors de votre visite, vous êtes capable de détecter ou de sentir qu'ils consomment des drogues dures.

• Vous pouvez connaître leurs croyances, leur mode de vie, etc., lorsque vous visitez leur maison et vous serez en mesure de les conseiller en conséquence. Certains se sont peut-être adonnés à l'occultisme ou à la sorcellerie, et vous remarquerez peut-être des symboles ou des images dans leur maison lors de votre visite. Avec cette information, vous saurez comment canaliser vos prières à Dieu en leur nom.

### Prédication publique en plein air

L'évangélisation en plein air est normalement organisée par les groupes de sensibilisation des églises locales pour des dates spécifiques. Elle se fait souvent dans des parcs communautaires, des gares, des marchés locaux, etc. Il s'agit d'endroits stratégiques, où les prédicateurs témoignent aux gens à l'aide de haut-parleurs et de tracts. Dans une prédication publique en plein air, la prédication peut être faite par une ou plusieurs personnes. Dans notre cas, lorsque nous avons commencé en tant que groupe, nous avons programmé des voyages mensuels dans différentes gares où nous prêchions aux personnes se déplaçant dans la gare. Nous portions des vêtements et des casquettes de couleurs vives pour attirer l'attention des gens sur notre mission dans la station.

Lorsque vous faites de l'évangélisation en plein air, il est fortement conseillé de se rendre sur les lieux avant l'événement, pour prier et éventuellement oindre le lieu, en prenant autorité sur les anciens autels qui pourraient entraver la fécondité de votre événement prévu. Le récit de Matthieu sur l'évangélisation faite par Jean le Baptiste était une évangélisation en plein air, comme le relatent les versets bibliques ci-dessous.

> "En ce temps-là, Jean Baptiste vint prêcher dans le désert de Judée, et dire : Repentez -vous, car le royaume des cieux est proche... Alors, Jérusalem, toute la Judée et toute la région des environs du Jourdain sortirent vers lui."

> **(Matthieu 3:1-3)**

Le message de l'apôtre Pierre à la multitude qui s'est rassemblée après la nouvelle de l'expérience des disciples le jour de la Pentecôte a apparemment été donné dans une prédication en plein air.

## *Témoignage par la louange et l'adoration*

Ces activités sont menées parallèlement à la prédication en plein air. Des hymnes de l'Évangile et des chants sont proposés pour adorer Dieu et saturer l'environnement de la présence de Dieu. La mélodie des chants et les rythmes sont utilisés pour attirer les non-croyants. Des CD gratuits, des tracts, des dépliants et d'autres matériels préparés pour présenter l'Évangile du Seigneur Jésus sont normalement distribués aux personnes présentes. Dans la prison, les louanges de minuit de Paul et Silas ont conduit au salut du geôlier et de sa famille.

La Bible dit,

> "A minuit, Paul et Silas priaient et chantaient des louanges à Dieu, et les prisonniers les entendaient. Tout à coup, il se fit un grand tremblement de terre, en sorte que les fondements de la prison furent ébranlés; à l'instant même, toutes les portes s'ouvrirent, et les liens de chacun furent déliés... Et ils disaient: Crois au Seigneur Jésus-Christ, et tu seras sauvé, toi et ta maison."

**(Actes 16:25-31)**

## Témoigner par l'évangélisation par le théâtre

L'évangélisation par le théâtre peut prendre la forme d'événements théâtraux organisés par l'église ou de films préenregistrés, dont beaucoup sont désormais disponibles gratuitement sur YouTube et d'autres médias sociaux. Elle peut également se faire lors de croisades d'évangélisation ou de programmes destinés à gagner de nouvelles âmes ou à ramener des chrétiens déracinés. Ces drames sont conçus pour persuader les gens de leur besoin de se repentir et d'accepter le Seigneur Jésus comme leur Seigneur et Sauveur.

Les théâtres évangéliques sont des outils efficaces qui peuvent aider à peupler le Royaume de Dieu. Ils couvrent plusieurs sujets du christianisme et ont souvent un impact durable sur la mémoire des gens, ce qui les aide à modifier leur comportement. Certaines sont destinées à informer les gens sur l'enfer, la venue du Seigneur Jésus, etc. L'un des principaux groupes spécialisés dans les pièces de théâtre chrétiennes est le "Mount Zion Faith Ministry" au Nigeria.

## Partager des témoignages

Les témoignages sont également des outils puissants utilisés pour attirer ou convertir des âmes dans le Royaume de Dieu. Lorsque les gens témoignent, ils racontent ce que Dieu a fait et qui a donné un résultat positif. Les témoignages révèlent l'authenticité de la puissance de Dieu qui intervient dans la situation des gens ; ils sont la preuve que Dieu répond aux prières. Ils montrent que le nom de Jésus et son sang restent puissants à travers les âges pour délivrer et sauver les gens de diverses situations et défis.

Les témoignages confirment la fidélité de Dieu, encouragent et renforcent la foi de ceux qui témoignent et de ceux qui écoutent. Ils frustrent également les ennemis car ils montrent que leurs plans diaboliques ont échoué. Dans Marc 5:19, Jésus encourage le partage des témoignages.

> "Cependant, Jésus ne le lui permit pas, lui dit : retourne chez tes amis, et raconte-leur combien le Seigneur a fait de grandes choses pour toi, et combien il a eu pitié de toi."

> **(Marc 5:19)**

Je me souviens de l'époque où j'ai demandé ma résidence indéfinie au Royaume-Uni. Royaume-Uni. L'ensemble de la procédure, qui a duré environ six ans, ne m'a coûté que 120 £

en frais d'avocat. C'est un témoignage très important de ma vie que je n'oublierai jamais. À Dieu soit la gloire. L'apôtre Pierre et l'apôtre Paul ont également partagé des témoignages dans le livre des Actes des Apôtres.

### *Rédaction et distribution de tracts, de livres, de littérature et de CD*

Lorsque nous allons prêcher, que ce soit individuellement ou en groupe, il est toujours conseillé d'apporter du matériel et de la littérature sous forme de tracts, de vidéos et de CD qui peuvent être distribués aux gens. Ces supports doivent être conçus pour attirer l'attention des lecteurs, contenir la prière du pécheur, dire aux lecteurs comment accepter le Seigneur Jésus comme leur Seigneur et Sauveur et expliquer ce qu'ils doivent faire après être nés de nouveau. Ils peuvent également contenir des témoignages pertinents.

Je me souviens du premier tract que j'ai écrit, intitulé "Paradis ou enfer, choisissez-en un", que j'ai distribué dans certaines stations de métro. L'un de nos pasteurs m'a appris que quelqu'un avait écrit une lettre au bureau de l'église pour remercier l'auteur du tract d'avoir obéi à Dieu. J'ai été heureux d'apprendre qu'il a accepté le Christ comme son Seigneur et

Sauveur, juste en lisant le tract et a été encouragé à poursuivre l'évangélisation.

# CHAPITRE 7

## SUIVI ET ÉTABLISSEMENT DES NOUVEAUX CONVERTIS

"Quelques jours après, Paul dit à Barnabas: Allons de nouveau visiter nos frères dans toutes les villes où nous avons prêché la parole du Seigneur, et voyons comment ils se portent."

**(Actes 15:36)**

Le suivi est le processus qui consiste à prendre soin des âmes qui ont donné leur vie à Jésus, pour s'assurer qu'elles sont établies dans le royaume et qu'elles ne retournent pas à leurs anciennes habitudes de vie. C'est la partie la plus critique du travail d'un évangéliste. Le suivi apporte un encouragement aux nouveaux convertis.

Nous voyons ces exemples dans Act 15:36 et Act 16:40. Le suivi est très essentiel car c'est ainsi que vous préservez les âmes que vous avez gagnées au Royaume de Dieu.

Les nouveaux convertis ont besoin d'un suivi pour faciliter leur croissance spirituelle et pour être en mesure de faire face aux choses qui peuvent les empêcher d'être établis dans la foi.

## CROISSANCE SPIRITUELLE

Le salut apporte une expérience de nouvelle naissance et, tout comme dans la nature, il y a de la semence pour que le converti grandisse. La croissance passe par la Parole et le gagneur d'âme doit partager la Parole pendant le suivi et encourager le nouveau converti à étudier la Parole.

> "Comme des enfants qui viennent de naître, désirez le lait sincère de la parole, afin que vous croissiez par là."

**(I Pierre 2:2)**

## RÉSISTER À LA PERSÉCUTION

C'est l'une des raisons pour lesquelles nous devons suivre les nouveaux convertis et leur enseigner la vie de disciple. Les nouveaux convertis ont besoin d'être enseignés sur la manière de résister à la persécution par leurs amis, leur famille ou au travail, car l'incapacité de le faire peut les conduire à être offensés et à quitter la foi. D'où la nécessité de comprendre les circonstances de nos convertis et de trouver des moyens de répondre à leurs besoins, afin de s'assurer que les âmes gagnées sont correctement préservées. La Bible dit qu'ils ont enduré pendant un certain temps, mais qu'ils ne pouvaient plus continuer le voyage à cause de la tribulation ou de la persécution.

> "Mais celui qui a reçu la semence dans les endroits pierreux, c'est celui qui entend la parole, et qui la reçoit aussitôt avec joie ; il n'a cependant pas de racine en lui-même, mais il subsiste pour un temps ; car, quand il survient une tribulation ou une persécution à cause de la parole, peu à peu il est offensé."

> **(Matthieu 13:20,21)**

## FAIRE FACE AUX SOUCIS DU MONDE

Un certain nombre de personnes laissent les soucis du monde et le désir des choses mondaines prendre le dessus sur leur vie. Nous devons donc prier pour nos nouveaux convertis et leur apprendre à prier afin d'éviter les distractions et les plaisirs du péché. La première chose qu'un nouveau converti peut avoir besoin de changer est son groupe d'amis, s'il a été impliqué dans des plaisirs pécheurs avant d'entrer en contact avec la Parole de Dieu. En tant que personnes effectuant leur suivi, nous devons nous assurer qu'ils sont entourés de chrétiens et veiller à ce qu'ils soient établis dans une église croyant à la Bible. Ainsi, il n'est pas facile pour eux de retomber dans leurs anciennes habitudes.

> "Celui aussi qui a reçu de la semence parmi les épines, c'est celui qui écoute la parole ; mais les soins de ce monde et la séduction des richesses étouffent la parole, et il devient infructueux."
>
> **(Matthieu 13:22)**

## LA PRODUCTION DE FRUITS

Les nouveaux convertis ont besoin d'être encouragés à porter des fruits à la hauteur de la repentance. Tout comme dans le monde naturel, chaque agriculteur attend avec impatience une bonne récolte. C'est ce que nous attendons de toute moisson d'âmes, c'est-à-dire des personnes qui comprennent la parole qu'elles ont reçue, des personnes qui ne sont pas émues par les tribulations ou les persécutions et des personnes qui abandonnent les soucis de ce monde et ne regarderaient pas en arrière même si elles en avaient l'occasion. Mais aussi bon que cela puisse paraître. Cela ne se produit pas automatiquement sans des prières appropriées et un suivi efficace des nouveaux convertis.

> "Produisez donc des fruits dignes de la repentance..."
>
> **(Luc 8:3)**

> "Mais celui qui reçoit de la semence dans la bonne terre, c'est celui qui écoute la parole et la comprend ; lui aussi porte du fruit et rapporte, les uns au centuple, les autres à soixante, les autres à trente."
>
> **(Matthieu 13:23)**

Voici quelques-unes des choses à faire lors du suivi des nouveaux convertis:

- Priez et jeûnez sur la liste des / nouveaux convertis.

- Appelez-les ou envoyez-leur un SMS pour les encourager et leur assurer qu'ils ont pris la bonne décision.

- Envoyez-leur des textes d'encouragement tous les jours ou tous les deux jours.

- Invitez-les à des repas, des sorties et des événements, afin de pouvoir suivre de près leur croissance dans la foi.

- Veillez à ce qu'il soit placé dans une église qui croit en la Bible et où la Parole de

Dieu non diluée est enseignée sans compromis.

- Envoyez-leur de la littérature ou des livres chrétiens pertinents qui peuvent les aider dans leur nouvelle foi.

- Encouragez-les à prier, à jeûner et à partager leur foi avec d'autres.

# CHAPITRE 8

## COMMENT JéSUS A ÉVANGéLISé ET GAGNé DES âMES

Jésus a apporté le salut du péché, des délivrances et des guérisons aux gens de diverses manières et il ne fait aucun doute que sa capacité à discerner la situation ou les circonstances des gens était importante. En tant qu'évangélistes, nous devons donc désirer cette capacité à discerner les situations individuelles, afin de pouvoir répondre aux bévvsoins exacts des gens. Examinons deux cas:

### LA FEMME AU PUITS

Jésus est venu au puits pour sauver la femme d'une vie de péché qui l'a conduite à cinq mariages. Il a entamé la conversation avec elle dans le domaine naturel. Il voulait faire comprendre à la femme qu'elle menait une vie de péché et qu'elle devait s'amender. C'est au cours de cette conversation que Jésus s'est révélé à elle comme le Messie. Jésus a vu son cœur et est venu à sa rencontre, là où elle en avait besoin. Elle est devenue une évangéliste, allant de ville en ville pour parler de Jésus.

> "La femme laissa donc sa cruche et s'en alla à la ville, et dit aux hommes : Venez voir un homme qui m'a dit tout ce que j'ai fait ; n'est-ce pas le Christ ? Ils sortirent donc de la ville, et s'approchèrent de lui..... Et beaucoup de Samaritains de cette ville crurent en lui, à cause de la parole de la femme, qui rendit ce témoignage : Il m'a dit tout ce que j'ai fait. Les Samaritains, s'étant approchés de lui, le prièrent de rester avec eux, et il resta là deux jours. Beaucoup plus nombreux furent ceux qui crurent à cause de sa propre parole ; et ils disent à la femme: Maintenant, nous croyons, non pas à cause de ta parole, mais parce que nous l'avons entendu nous-mêmes, et nous savons que c'est vraiment le Christ, le Sauveur du monde"

**(Jean 4:28-42)**

## ZACHÉE - LE COLLECTEUR D'IMPÔTS

Zachée avait tout contre lui, les gens le haïssaient et le considéraient comme un pécheur, et sa taille n'arrangeait pas les choses en ville. Mais sa détermination à voir Jésus a probablement fait passer un message sur son désespoir de quitter une vie de péché. Jésus, sans qu'on le lui dise, savait que Zachée désirait ardemment le voir et lorsqu'il est arrivé là où il se trouvait, il l'a appelé par son nom et l'a informé qu'il déjeunait chez lui ce jour-là. Le fait de quitter son bureau des impôts pour apercevoir Jésus, ainsi que son aventure dans les arbres juste pour le voir, ont dû révéler le besoin désespéré de son cœur pour un sauveur et Jésus a répondu à ce cœur qu'il a vu. Sa rencontre avec le Seigneur Jésus-Christ a entraîné une transformation immédiate et un engagement à restituer. Le Seigneur Jésus-Christ a confirmé son salut.

> "Jésus, étant arrivé en ce lieu, leva les yeux, le vit et lui dit : Zachée, hâte-toi de descendre, car il faut que je reste aujourd'hui dans ta maison... Zachée, debout, dit au Seigneur: Voici, Seigneur, la moitié de mes biens, je la donne aux pauvres; et si j'ai pris quelque chose à quelqu'un par une fausse accusation, je le lui rends au quadruple. Et Jésus lui dit:

"Aujourd'hui le salut est arrivé dans cette maison, puisque lui aussi est fils d'Abraham".

**(Luc 19:5,8,9)**

# CHAPITRE 9

## STRATéGIES POUR GAGNER DES âMES SUR LE LIEU DE TRAVAIL

"Et par nous se répand et se manifeste en tout lieu la douce odeur de la connaissance de lui."

**(2 Corinthiens 2:14 AMP)**

Notre conduite sur le lieu de travail est très importante en tant qu'évangélistes. En effet, nous ne sommes pas seulement là pour travailler pour notre organisation et être payés, mais pour proclamer la seigneurie de Jésus. La Bible dit que nous sommes des diffuseurs de l'odeur de la connaissance de Dieu en tout lieu. Nous devons donc savoir que nous sommes en mission et nous conduire de manière à plaire à

Dieu, c'est-à-dire dans nos paroles et nos actes. Nous devons être conscients du fait que nous sommes des épîtres. Les gens sont très visuels lorsqu'il s'agit de religion. Ils ne comprennent les Écritures qu'à travers la façon dont vous vivez votre propre vie. Ils n'auront peut-être jamais l'occasion de vous écouter prêcher ou de lire la Bible, car pour eux, vous représentez qui vous servez et d'où vous venez. Par conséquent, sur un lieu de travail, un évangéliste est la Bible qu'ils lisent et comprennent. Nous devons savoir que nous sommes dans la vocation que nous avons pour une raison et pour une saison et donc nous devons nous assurer que nous utilisons chaque opportunité car les jours sont mauvais (Ephésiens 5:16).

Lorsque vous refusez de faire des commérages ou de participer à des malversations sur le lieu de travail, ils sauront que vous avez des normes et des règles personnelles et que vous n'êtes pas prêt à transiger sur votre position. Une vie sans tache rend les gens mal à l'aise et curieux; elle incite également les gens à vous faire confiance dans un monde où la corruption est devenue la norme. C'est cela, répandre le parfum de la connaissance de Dieu. Plutôt "c'est notre code de conduite en tant que chrétiens."

Nous devons donc être un pratiquant de ce que la Bible enseigne. La diligence et l'intégrité sur le lieu de travail pour un évangéliste ne sont pas négociables, car pourquoi ont-ils besoin de croire et d'être sauvés par ce que vous croyez et prêchez, alors que vous vous comportez exactement comme eux et faites les mêmes choses, qu'ils savent être moralement mauvaises?

Outre nos actes et nos paroles sur le lieu de travail, nous pouvons également distribuer des tracts avec sagesse, en fonction du code de conduite en vigueur sur nos lieux de travail ou de la politique de l'entreprise. Nous pouvons placer stratégiquement des tracts sur nos propres tables de manière à attirer la curiosité et l'attention de nos collègues ou distribuer des tracts ou des publications qui leur parlent du salut.

Mais, le plus important, c'est de prier constamment pour le salut de leurs âmes, en demandant à Dieu la sagesse nécessaire pour entrer en relation avec chacun d'eux d'une manière qui les amènera à Christ. Saisissons toutes les occasions de projeter l'image du Christ aux points de rencontre sur le lieu de travail et aux pauses déjeuner, en entamant des conversations sur le salut par des questions sur leur bien-être, leur famille, etc. Nous pouvons également déclencher ou ouvrir la voie à des conversations sur le salut lorsque nous partageons des moments de joie et de réussite avec nos collègues de travail ou lorsque nous sommes prêts à offrir de l'aide ou une épaule sur laquelle s'appuyer en cas de besoin. Dans ces circonstances, dépendez toujours du Saint-Esprit, afin de savoir exactement quoi dire ou faire qui vous aidera à accomplir votre mission de salut sans effort.

# CHAPITRE 10

## ENQUêTE COMMUNAUTAIRE

"Je me suis fait faible pour les faibles, afin de gagner les faibles ; je me suis fait tout à tous les hommes, afin d'en sauver à tout prix quelques-uns."

**(I Corinthiens 9:22)**

Il est très important de sonder spirituellement et physiquement une zone que vous avez ciblée pour l'évangélisation. C'est très important si vous voulez réussir à gagner des âmes. Vous devez connaître la culture, la religion, la profession, la race, l'âge et d'autres éléments de la démographie des personnes qui vivent dans une localité lorsque vous envisagez de gagner des âmes dans cette zone.

C'est nécessaire pour que vous sachiez

quelle méthode d'évangélisation appliquer à la communauté. Lorsque l'apôtre Paul s'est retrouvé à Athènes, une ville pleine d'idoles, il a commencé par leur idole dressée à un Dieu inconnu.

> "Alors, Paul, debout au centre de l'Aréopage, dit: "Hommes d'Athènes, j'observe [à chaque tour que je fais dans la ville] que vous êtes très religieux et pieux à tous égards. Or, alors que je me promenais et que je regardais attentivement vos objets de culte, je suis tombé sur un autel portant cette inscription: "AU DIEU INCONNU" C'est pourquoi, ce que vous adorez déjà comme étant inconnu, je vous le proclame. Le Dieu qui a créé le monde et tout ce qui s'y trouve, puisqu'il est le Seigneur du ciel et de la terre, n'habite pas dans des temples faits de main d'homme."

### (Actes 17:22-24 AMP)

Du passage ci-dessus, nous voyons que l'apôtre Paul a commencé à leur parler de Jésus en utilisant l'autel qu'il a vu dans la ville. Nous devons donc connaître le principal défi de la région que nous voulons évangéliser.

A partir de votre enquête, vous pouvez glaner des informations sur la population, la tranche d'âge, le sexe, la profession, etc. de la communauté qui seront utiles pour vos actions d'évangélisation.

## CULTURE ET RACE

Il est toujours utile de connaître la culture dominante et la race des gens d'une communauté lorsque nous évangélisons. La Bible nous dit qu'il faut être sage comme les serpents et inoffensif comme les colombes. Nous devons donc prendre le temps de comprendre et d'être bien informés sur la culture et les races d'une communauté, afin de ne pas les offenser et de savoir quoi dire ou faire lorsque nous les rencontrons. Nous ne devons jamais supposer que tout le monde fait les choses de la manière dont nous sommes habitués. La culture et le mode de vie varient selon les communautés, les villes et les nations.

## PROFESSION ET AFFAIRES

Une enquête communautaire doit révéler le pourcentage de la classe ouvrière et de la classe non ouvrière au sein de la communauté, ainsi que les besoins de base immédiats de la population. Dans une communauté où il y a une forte proportion de personnes moins privilégiées, la fourniture des produits de première nécessité est ce qui doit être pris en compte avant de tenter de pénétrer cette zone ou cette communauté avec l'évangile.

## PRINCIPALE RELIGION ET CROYANCE DE LA COMMUNAUTÉ

Lorsqu'une religion particulière domine une communauté, il est important de connaître certaines choses importantes sur cette religion ou croyance, afin de savoir comment préparer votre approche en tant qu'évangéliste. Certaines communautés sont profondément enracinées dans le satanisme, l'occultisme, la sorcellerie, la franc-maçonnerie, etc. et le savoir est très important pour votre propre sécurité et votre santé mentale en tant qu'évangéliste, car vous n'entrez pas dans de telles zones sans une cartographie spirituelle, un discernement et des prières appropriés.

## RÉPARTITION PAR ÂGE

Pour réussir un événement de conquête d'âmes, vous devez connaître les tranches d'âge de la communauté. Quel est le pourcentage d'adolescents, d'adultes et de personnes âgées qui résident dans la communauté? Cette information est utile car elle oriente la méthode d'évangélisation à employer en fonction de la tranche d'âge que nous visons pour le salut. La façon dont un jeune réagit ou accepte l'évangile est différente de la façon dont les personnes âgées l'acceptent. La musique, le théâtre, les films évangéliques, etc. peuvent convenir aux jeunes, mais pas aux personnes âgées. Par conséquent, nous devons recueillir autant d'informations que nécessaire pour un événement efficace de conquête des âmes.

## LA SANTÉ DE LA COMMUNAUTÉ

La santé d'une communauté est très importante lorsque nous pensons au Soul Winning. La majorité des personnes d'une communauté peuvent être déprimées, handicapées ou avoir des problèmes de santé divers, ce qui peut nuire à leur capacité à recevoir l'évangile. Nous devons donc réfléchir à ce que nous pouvons faire pour aider à soulager la pression sanitaire dans une communauté où les services de santé de qualité sont inexistants ou hors de portée d'un grand nombre de personnes. Ainsi, fournir des services de santé gratuits ou employer les services de volontaires pour aider à améliorer leur santé peut aider à proclamer l'évangile et les rendre plus réceptifs à l'évangile.

## POSITION/NIVEAU DE MORALITÉ DE LA COMMUNAUTÉ

Certaines communautés sont marquées par un niveau élevé de criminalité et de décadence morale. Nous devons donc planifier dans la prière notre approche de l'évangélisation dans de telles régions. Nous ne devons pas éviter ces zones ou penser qu'elles sont irrécupérables par peur de la sécurité. Lorsque Dieu nous donne le feu vert pour entrer dans des zones potentiellement dangereuses, nous devons croire que le Dieu qui nous a envoyés nous protégera et défendra son programme. Dans les régions où les enlèvements, les crimes à main armée, etc. sont monnaie courante, nous devons être sûrs que c'est Dieu qui nous dirige vers ces régions. La sagesse est profitable pour diriger.

# CHAPITRE 11

## LE RÔLE DE L'ÉGLISE LOCALE AU SEIN D'UNE COMMUNAUTÉ

Une église située dans une communauté caractérisée par de faibles revenus, des taux de chômage et de criminalité élevés et des personnes moins privilégiées, doit avoir un plan pour améliorer la vie des gens au sein de cette communauté, en mettant en place des banques alimentaires pour les personnes qui en ont besoin, des agences de compétences ou de recrutement et des centres de ressources qui peuvent recycler ou aider les gens à retrouver un emploi. Ces activités ouvrent des portes efficaces pour l'évangélisation et l'action sociale des églises locales dans la communauté. Par exemple, dans certains pays développés, un pourcentage élevé de personnes dépend encore des prestations sociales de l'État, qui ne sont pas toujours suffisantes pour subvenir aux besoins de leur famille.

Les églises locales opérant dans ces communautés doivent donc s'efforcer de fournir une certaine forme d'assistance si elles veulent être efficaces dans leur mission et leur vision au sein de ces communautés. En effet, en fournissant les commodités ou les services susmentionnés, l'église a la possibilité d'évangéliser et de présenter Jésus à ceux qui se tournent vers elle pour obtenir de l'aide ou de l'assistance. Examinons maintenant certains de ces services.

## BANQUES ALIMENTAIRES

Les banques alimentaires sont comme des supermarchés gratuits mis en place pour aider les personnes qui ont du mal à acheter les produits de première nécessité pour leur famille. Les produits offerts dans les banques alimentaires comprennent des aliments de base, des produits sanitaires et d'hygiène dont les gens ont besoin pour survivre. Les articles des banques alimentaires proviennent de dons d'organisations de financement collectif, d'organismes gouvernementaux, d'individus, de groupes et d'entreprises au sein ou en dehors de la communauté.

## AGENCES POUR L'EMPLOI, LE RECRUTEMENT ET LES COMPÉTENCES

Ces agences s'occupent principalement de faire correspondre les candidats à des emplois qualifiés ou non qualifiés, tout en aidant les personnes à acquérir les compétences requises pour les emplois ou les créations d'entreprises. Elles peuvent également être en mesure d'aider les personnes à entrer dans des collèges ou des universités afin d'améliorer leur employabilité à la fin de leurs études. Des cours de formation aux technologies de l'information et au soutien aux soins peuvent être proposés aux personnes, afin de permettre à un plus grand nombre d'entre elles de maîtriser l'informatique et d'améliorer leurs capacités éducatives.

## CENTRE DE RESSOURCES

Un centre de ressources peut être mis en place pour fournir des informations, des équipements et un soutien à la communauté dans laquelle l'église est basée. Il est toujours important que le centre de ressources dispose d'une collection de matériel utile aux individus ou aux groupes de personnes. Ce matériel peut être en version papier ou sur des sites web, où des informations pertinentes sont disponibles sous forme de matériel de référence, de vidéos, de dépliants et d'affiches, matériel de formation, magazines, manuels, annuaires, etc.

## CENTRE DE RÉHABILITATION POUR LES TOXICOMANES ET LES ALCOOLIQUES

Un centre de réhabilitation est un lieu où sont traitées les personnes ayant des problèmes d'alcoolisme ou de toxicomanie. Les églises qui mettent en place des centres de réadaptation peuvent fournir une aide indispensable aux personnes qui luttent contre des problèmes liés à l'alcool ou à la drogue et, en fournissant ces services, elles ont une bonne occasion de présenter l'Évangile.

# CHAPITRE 12

## CONSEILS EN OR

En conclusion, en tant qu'évangélistes, gagneurs d'âmes et témoins du Seigneur Jésus, veuillez noter les points suivants:

- Un gagneur d'âmes doit avoir la crainte de Dieu et doit être capable de donner un bon exemple à la maison, sur le lieu de travail, dans la communauté locale et même dans l'église. "*...Mais toi, sois un exemple pour les croyants, en parole, en conversation, en charité, en esprit, en foi, en pureté.*" (1 Timothée 4:12).

- Dieu compte sur nous pour aller faire ce qui est le plus nécessaire concernant le Royaume de Dieu. "*Et il leur dit: Allez dans le monde entier, et prêchez la bonne nouvelle à toute créature"* (Marc 16:15). *"Il appela ses dix serviteurs, leur remit dix livres, et leur dit: Occupez-vous jusqu'à ce que je vienne"* (Luc 19:13).

- Vous ne pourriez pas vraiment connaître et vous couler dans le dessein de Dieu pour votre vie, si vous êtes indifférent à l'état des incroyants autour de vous. Gagner des âmes est le battement de cœur de Dieu, nous ne pouvons pas nous permettre de fermer nos oreilles et de fermer les yeux sur la dépravation qui nous entoure. *"Mais veille en toutes choses, supporte les afflictions, fais l'œuvre d'un évangéliste, donne une pleine preuve de ton ministère"* (2 Timothée 4:5).

- Les individus et les familles qui connais-sent et servent Dieu auront toujours le désir de transformer leurs communautés locales, leurs villes, etc.

- La présence à l'église sans un engagement actif dans les efforts pour gagner des âmes ne produira que peu ou pas d'impact dans nos communautés. Nous devons, en tant qu'individus et en tant qu'église, aller vers les gens avec le message de la croix et les aider de diverses manières. Une église qui ne tend pas la main à sa communauté locale va bientôt dépérir. C'est une question de temps.

- Chaque membre de l'église doit être un intercesseur et un gagneur d'âmes/ évangéliste. Lorsque vous obéissez au premier commandement de Dieu, vous êtes un véritable disciple de Jésus.

- N'oubliez pas qu'aucun ministère ne peut fonctionner correctement sans intercession. Aucun apôtre, pasteur, évangéliste, prophète ou enseignant ne peut être efficace dans son ministère sans intercession. *"C'est pourquoi je fléchis les genoux vers le Père de notre Seigneur Jésus-Christ"* Éphésiens 3:14 [KJV]. *"Enfin, frères, priez pour nous, afin que la parole du Seigneur ait libre cours et soit glorifiée, comme il en est pour vous."* 2 Thessaloniciens 3:1(KJV). *"Réjouissez-vous sans cesse. Priez sans cesse. En toutes choses, rendez grâces, car telle est la volonté de Dieu en Jésus-Christ à votre égard"* (1 Thessaloniciens 5:16-18).

- Faisons attention à la façon dont nous agissons et parlons autour de nos enfants et de nos jeunes, car ils nous observent et apprennent de nous. N'oubliez jamais que les enfants d'aujourd'hui sont les dirigeants de demain, nous devons donc transmettre des héritages pieux qui préserveront leur génération de la décadence. *"Formez un enfant dans la voie qu'il doit suivre, et quand il sera vieux, il ne s'en détournera pas"* (Proverbes 22:6).

## MISSION ET ÉVANGéLISATION DANS LES ZONES RURALES ET URBAINES

Selon Luc 9:6, le premier endroit où Jésus a envoyé son disciple pour l'évangélisation était les villes et les villages. La Bible dit, *"Ils partirent et parcoururent les villes, prêchant la bonne nouvelle et guérissant partout."*

L'évangélisation rurale nécessite une stratégie très délicate. La raison en est que dans la plupart des zones rurales, il existe des croyances archaïques qui perdurent depuis des siècles et qui ont été inculquées dans le mode de vie des habitants des zones rurales, ce qui peut contredire la bonne nouvelle qu'un évangéliste essaie de leur présenter. En tant que missionnaire dans une zone rurale ou urbaine, le plus important est d'abord de promouvoir l'amour au sein des communautés. Dans Actes 9:36-42, nous voyons une femme appelée Dorcas, qui était une incarnation de l'amour au sein de sa communauté. Même lorsqu'elle est morte, les gens parlaient de la façon dont elle avait été une grande bénédiction pour eux.

## STRATéGIES à ENVISAGER POUR LA MISSION D'éVANGéLISATION

Si vous étudiez l'acte des apôtres, vous remarquerez que différentes stratégies ont été employées pour évangéliser les villes et les villages. Certaines de ces stratégies utiles sont présentées ci-dessous:

- Comme pour toute mission et tout engagement dans la vie d'un croyant, assurez-vous d'être conduit par le Saint-Esprit lorsque vous faites de l'évangélisation de village ou de ville. Dans l'évangélisation, l'aspect le plus important est la conduite du Saint-Esprit. Nous voyons que dans tous les récits bibliques du voyage des apôtres, ils priaient et jeûnaient afin d'être guidés et de discerner la direction du Saint-Esprit avant de prendre des décisions ou d'entreprendre des actions. Il est important de noter que le fait de faire des enquêtes spirituelles et physiques nous place dans une position où nous pouvons comprendre ce que Dieu fait actuellement au sein de la communauté, de sorte que vous pouvez savoir où vous vous situez. J'ajouterai également qu'il est essentiel de respecter les instructions du Saint-Esprit, afin de ne pas faire de compromis, de ne pas dire ou faire des choses que vous n'étiez pas censé faire ou dire, car, comme nous le savons, les compromis ou les mauvaises paroles ou actions peuvent compromettre l'intention initiale.

• Coopérez avec d'autres collègues qui travaillent peut-être déjà comme évangélistes dans la communauté que vous essayez de visiter. Il est souvent plus facile d'entrer en contact avec des personnes qui travaillent déjà comme évangélistes et missionnaires au sein de cette communauté, car nous sommes censés travailler ensemble en tant que collaborateurs et promouvoir l'unité au sein du Corps du Christ (2 Corinthiens 6:1).

• Les leaders de la communauté sont souvent très influents car les gens ont tendance à obéir à leurs leaders plus qu'à des étrangers. Ainsi, avant de partir en mission d'évangélisation, communiquez votre intention par une lettre ou organisez une visite de familiarisation avec les responsables de la communauté et de l'Eglise dans la région. Restez toujours concentré sur votre mission, en veillant à éviter les distractions, et faites savoir aux dirigeants que vous aurez besoin de leur soutien et de leur coopération pour réussir votre mission. Il est également important de s'en tenir aux dispositions initiales qui ont été convenues à l'unanimité pour assurer le succès de la mission. Évitez les politiques d'église et les désaccords, car cela pourrait nuire à l'objectif de la mission.

• Faites connaître l'événement, passez des annonces, si possible, par les médias, les canaux et les moyens disponibles. En sensibilisant les gens à travers ces canaux, vous pouvez potentiellement atteindre plus de personnes avec la bonne nouvelle destinée à cette communauté.

• Sachant qu'il est parfois difficile de gagner le cœur des habitants des zones rurales, vous devez faire preuve de sensibilité et d'une grande capacité d'écoute, afin de pouvoir saisir certains des défis auxquels sont confrontés les villageois et leur apporter une aide si nécessaire. Cette aide peut être spirituelle (comme prier pour une guérison ou une délivrance divine), matérielle et financière (comme la création de petites entreprises) ou même fournir des équipements tels que l'eau, une bonne route, l'électricité et une éducation de base si la communauté n'est pas alphabétisée.

- La formation de l'équipe d'évangélisation est très importante, les membres de l'équipe doivent être bien formés, afin qu'ils sachent ce que l'on attend d'eux. Les membres de votre équipe doivent connaître le terrain de la communauté et disposer du matériel d'évangélisation nécessaire (Bibles, tracts, bannières, papeterie, etc.).

## L'ÉVANGéLISATION DES SANS-ABRI

Car j'ai eu faim et vous m'avez donné à manger, j'ai eu soif et vous m'avez donné à boire, j'étais un étranger et vous m'avez accueilli, j'étais nu et vous m'avez vêtu, j'étais malade et vous m'avez visité, j'étais en prison et vous êtes venus à moi". Alors les justes lui répondront: "Seigneur, quand t'avons-nous vu avoir faim et te nourrir, ou avoir soif et te donner à boire? Quand t'avons-nous vu étranger et t'avons-nous accueilli, ou nu et t'avons-nous vêtu? Quand t'avons-nous vu malade ou en prison et t'avons-nous visité? Et le Roi leur répondra: "En vérité, je vous le dis, comme vous l'avez fait à l'un de ces plus petits de mes frères, c'est à moi que vous l'avez fait.

## (Matthieu 25:35-40)

Dans l'Écriture ci-dessus, nous comprenons que servir ou aider les prisonniers, les affamés, les sans-abri, etc. revient à servir Jésus.

Le cœur de Jésus est pour les sans-abri et les personnes moins privilégiées. Les sans-abri sont un problème très important dans la plupart des zones urbaines. Il se produit lorsque les gens n'ont pas d'endroit sûr et sécurisé pour vivre. Les gens deviennent souvent sans-abri en raison de contraintes financières, de conditions de vie inacceptables, de violences domestiques, de conflits familiaux, de différences religieuses, de problèmes d'alcool, de toxicomanie ou de jeunes adultes contraints de quitter leur foyer par leurs parents.

Au cours de mon travail de proximité avec les sans-abri, j'ai constaté que les gens deviennent sans-abri pour diverses raisons autres que les principales mentionnées dans le paragraphe ci-dessus. Ils sont souvent vulnérables aux divers éléments dans les rues. Notre objectif principal, lorsque nous exerçons notre ministère auprès des sans-abri, est de leur présenter Jésus et, éventuellement, de les gagner au Christ, de les faire devenir des disciples jusqu'à ce qu'ils puissent se tenir debout. Mais nous devons d'abord réfléchir à la manière d'améliorer leurs conditions de vie actuelles en leur fournissant des services de base ou même des endroits sûrs où passer la nuit, afin qu'ils soient protégés des rudes éléments de la rue et du temps. Certaines églises et organisations peuvent héberger des personnes et des familles sans-abri qui peuvent ou non être membres de leurs congrégations, ce sont toutes des stratégies d'évangélisation, visant à gagner des âmes pour Jésus. Dans notre ministère, nous menons actuellement une action communautaire mensuelle auprès des sans-abri en leur fournissant de la nourriture et des boissons chaudes. Nous avons également l'intention de fournir des sacs de couchage, des vestes et des vêtements chauds pour soulager leur détresse dans les rues.

## L'ÉVANGéLISATION POUR LES RéFUGIéS ET LES DEMANDEURS D'ASILE

Les réfugiés et les demandeurs d'asile sont des personnes qui ont également besoin d'entendre la bonne nouvelle de l'évangile. Ce ministère nécessite une approche spécifique car il s'agit de personnes qui ont fui leur pays pour un autre pays à la recherche d'une vie meilleure. Mais malheureusement, dans la plupart des cas, en arrivant à destination, ils sont confrontés à des conditions de vie qui sont loin de ce qu'ils attendaient. Souvent, ils ne parviennent pas à trouver un emploi qui leur permette de subvenir à leurs besoins financiers et certains se heurtent même à des barrières linguistiques et culturelles qui les rendent vulnérables et aggravent leurs conditions de vie. En désespoir de cause, certains ont recours à la mendicité, au vol et à la prostitution. Notre devoir en tant qu'évangélistes dans cette situation est de fournir quelques informations nécessaires qui peuvent les aider, mais notre objectif principal est de leur parler du royaume de Dieu, un royaume où vous pouvez entrer en tant que fils et filles du royaume et non plus en tant que réfugiés.

Il est donc toujours bon, en tant qu'évangélistes de rue auprès des sans-abri, des réfugiés et des demandeurs d'asile, de nous familiariser avec certaines informations importantes sur les agences et les organisations que nous pouvons transmettre aux personnes que nous rencontrons et qui se trouvent dans cette situation.

# FORMATION SUR L'AUTONOMISATION FINANCIèRE ET LA CRéATION DE RICHESSES

Certaines églises des zones rurales ont des difficultés financières qui limitent leur champ d'action. L'une des premières missions est donc de leur donner les moyens d'agir grâce à des formations ciblées qui peuvent contribuer à atténuer leurs difficultés financières. Il faut leur apprendre à être efficaces, efficients et fructueux dans leurs différents appels. La prédication d'une doctrine saine et de la parole de Dieu non diluée éclaire les gens, mais elle doit être complétée par une formation adéquate sur la création de richesses qui peut améliorer leur capacité à gagner un revenu. Il s'agit d'un ensemble complet pour toute mission. Ces formations ou sessions de création de richesse peuvent inclure des cours d'alphabétisation, où les gens reçoivent des cours d'anglais et de mathématiques de base ou même de technologie de l'information, si les installations sont disponibles.

Elles peuvent également inclure des cours de restauration, de stylisme, de plomberie, d'éducation sanitaire et d'autres formations professionnelles susceptibles d'aider non seulement les individus, mais aussi la communauté dans son ensemble. Certains professionnels qualifiés dans les zones urbaines peuvent être prêts à servir Dieu en ayant un impact sur la vie des communautés moins privilégiées.

Pour réitérer, prêcher la parole est très important et leur apprendre l'indépendance financière avec intégrité est également très vital.

## CARTOGRAPHIE SPIRITUELLE (MARCHE DE PRIèRE)

La marche par la prière ou la cartographie spirituelle est l'un des meilleurs outils dont vous avez besoin pour l'évangélisation. Avant de partir de l'église ou de votre maison, vous devez vous oindre et vous préparer dans la prière pour vous et l'équipe. Vous devrez également apporter votre bouteille d'huile d'onction, dont vous aurez besoin pour oindre les endroits stratégiques selon les instructions du Saint-Esprit. C'est très important car les jougs sont brisés lorsque vous oignez non seulement des personnes, mais aussi des lieux.

Pendant que vous marchez et priez, vous devez croire que les choses se produisent déjà dans les royaumes de l'esprit en relation avec la mission en cours. Vous devez également croire que les anges sont aussi sur la même mission que vous. Plusieurs choses se produisent lorsque nous faisons la cartographie spirituelle avant l'évangélisation, qui peuvent avoir un impact positif sur la vie des gens et dans la communauté.

La cartographie spirituelle est comme une purification spirituelle d'une communauté J'ai entendu un jour l'histoire vraie d'une femme de Dieu qui, lors d'une marche de prière, avait reçu l'instruction du Saint-Esprit de frapper à la porte d'une maison particulière. Alors qu'elle frappait en obéissant à la direction du Saint-Esprit, une femme sur le point de se suicider a ouvert la porte et, heureusement, Dieu a utilisé cette femme de Dieu pour sauver la personne qui était sur le point de se suicider.

Il y a tellement d'atrocités et de choses mauvaises qui se passent derrière des portes fermées que seules des cartographies spirituelles ou des marches de prière peuvent résoudre par intervention divine. En tant qu'évangéliste et intercesseur, vous devez être un vaisseau volontaire qui n'est pas paresseux dans la prière, le jeûne, les supplications et l'intercession quand il s'agit de marche de prière spirituelle, afin que vous puissiez être fructueux dans vos efforts.

## IMPORTANCE DES MARCHES DE PRIèRE OU DE LA CARTOGRAPHIE SPIRITUELLE

La chose la plus importante qui se produit lorsque nous faisons des marches de prière est que nous déracinons et traitons les forteresses maléfiques et les autels territoriaux. Chaque communauté est contrôlée par un ou plusieurs esprits territoriaux et cela est souvent évident dans le type de choses qui se passent dans la vie des résidents. C'est pourquoi nous devons faire le tri parmi ces puissances avant de nous lancer dans l'évangélisation.

Ces esprits territoriaux n'abandonnent souvent pas sans se battre et c'est pourquoi nous devons lutter dans la prière et oindre l'endroit avant de nous déplacer pour parler aux gens de la région. Je dois également souligner l'importance de vivre une vie consacrée et sanctifiée en tant qu'évangéliste afin de ne pas être victime d'attaques inutiles. En déracinant et en vous occupant de ces puissances, vous les éliminez et, en même temps, vous installez un nouvel autel de Jésus-Christ dans la région, ce qui permet aux résidents de céder facilement à l'évangile. Lorsque ces éléments sont fermement en place, l'évangélisation se déroule souvent en douceur, sans beaucoup d'opposition.

# CHAPITRE 13

# VERSETS UTILES À UTILISER LORS DE L'ÉVANGÉLISATION

"Car tous ont péché et sont privés de la gloire de Dieu."

**(Romains 3:23)**

"Car le salaire du péché, c'est la mort, mais le don de Dieu, c'est la vie éternelle en Jésus-Christ notre Seigneur."

**(Romains 6:23)**

"Tous ceux qui me disent: Seigneur, Seigneur, n'entreront pas dans le royaume des cieux, mais celui qui fait la volonté de mon Père qui est dans les cieux."

**(Matthieu 7:21)**

"Car Dieu a tant aimé le monde qu'il a donné son Fils unique, afin que quiconque croit en lui ne périsse pas, mais ait la vie éternelle."

**(Jean 3:16)**

"Celui qui croit au Fils a la vie éternelle; et celui qui ne croit pas au Fils ne verra pas la vie, mais la colère de Dieu demeure sur lui."

**(Jean 3:36)**

"Quiconque hait son frère est un meurtrier; et vous savez qu'aucun meurtrier n'a la vie éternelle demeurant en lui."

**(1 Jean 3:15)**

"Mais les craintifs, les incrédules, les abominables, les meurtriers, les impudiques, les sorciers, les idolâtres et tous les menteurs auront leur part dans l'étang ardent de feu et de soufre, ce qui est la seconde mort."

**(Apocalypse 21:8)**

"Jésus lui dit: Je suis le chemin, la vérité et la vie ; nul ne vient au Père que par moi."

**(Jean 14:6)**

"Celui qui a mes commandements et qui les garde, c'est celui-là qui m'aime; et celui qui m'aime sera aimé de mon Père, et je l'aimerai, et je me manifesterai à lui."

**(Jean 14:21)**

"Mais nous sommes tous comme une chose impure, et toutes nos vertus sont comme des haillons sales ; nous nous fanons tous comme une feuille, et nos iniquités, comme le vent, nous ont emportés."

**(Isaïe 64:6)**

"Jésus lui répondit : En vérité, en vérité, je te le dis, si un homme ne naît de nouveau, il ne peut voir le royaume de Dieu."

**(Jean 3:3)**

"Celui qui croit en lui n'est pas condamné; mais celui qui ne croit pas est déjà condamné, parce qu'il n'a pas cru au nom du Fils unique de Dieu."

**(Jean 3:18)**

"Mais Dieu a rendu témoignage de son amour envers nous, en ce que, alors que nous étions encore pécheurs, Christ est mort pour nous."

**(Romains 5:8)**

"Et comme il est réservé aux hommes de mourir une fois, mais après cela le jugement."

**(Hébreux 9:27)**

"Tu crois qu'il y a un seul Dieu; tu fais bien; les démons aussi croient, et ils tremblent."

**(Jacques 2:19)**

"Repentez-vous donc, et convertissez-vous, afin que vos péchés soient effacés, lorsque les temps de rafraîchissement viendront de la présence du Seigneur."

**(Actes 3:19)**

"Il les fit sortir, et dit : Messieurs, que dois-je faire pour être sauvé ? Ils répondirent: Crois au Seigneur Jésus-Christ, et tu seras sauvé, toi et ta maison."

**(Actes 16:30,31)**

"Tous ceux qui me disent : Seigneur, Seigneur, n'entreront pas dans le Royaume des cieux, mais celui qui fait la volonté de mon Père qui est dans les cieux."

**(Matthieu 7:21)**

"Celui qui croit au Fils a la vie éternelle; et celui qui ne croit pas au Fils ne verra pas la vie, mais la colère de Dieu demeurera sur lui. "

**(Jean 3:36)**

"Celui qui hait son frère est un meurtrier."

**(I Jean 3:15)**

"Tous les menteurs auront leur part dans l'étang de feu qui brûle de feu et de soufre, ce qui est la seconde mort."

**(Apocalypse 21:8b)**

"Vous êtes ceux qui se justifient devant les hommes, mais Dieu connaît vos cœurs; car ce qui est estimé parmi les hommes est une abomination aux yeux de Dieu."

**(Luc 16:15)**

"Je suis le chemin, la vérité et la vie, Nul ne vient au Père que par moi."

**(Jean 14:6)**

"Celui qui a mes commandements et qui les garde, c'est celui qui m'aime; et celui qui m'aime sera aimé de mon Père, et je l'aimerai, et je me manifesterai à lui."

**(Jean 14:21)**

"Toute notre justice est comme des chiffons sales".

**(Esaïe 64:6)**

"En vérité, en vérité, je te le dis, si un homme ne naît de nouveau, il ne peut voir le royaume de Dieu."

**(Jean 3:3)**

"Celui qui croit en lui n'est pas condamné, mais celui qui ne croit pas est déjà condamné, parce qu'il n'a pas cru au nom du Fils unique de Dieu."

**(Jean 3:18)**

"Mais Dieu a manifesté son propre amour envers nous, en ce que, lorsque nous étions encore pécheurs, Christ est mort pour nous."

**(Romains 5:8)**

"Et comme il est réservé aux hommes de mourir une fois, mais après cela le jugement."

**(Hébreux 9:27)**

"Si nous confessons nos péchés, il est fidèle et juste pour nous les pardonner et nous purifier de toute iniquité. Si nous disons que nous n'avons pas péché, nous le faisons menteur et sa parole n'est pas en nous."

**(I Jean 1:9-10)**

"Il n'y a de salut en aucun autre ; car il n'y a sous le ciel aucun autre nom donné parmi les hommes, par lequel nous devions être sauvés."

**(Actes 4:12)**

"Et les temps de cette ignorance, Dieu les a ignorés ; mais maintenant il ordonne à tous les hommes en tout lieu de se repentir, parce qu'il a fixé un jour où il jugera le monde en justice."

**(Actes 17:30-31)**

"Ne vous y trompez pas: ni les fornicateurs, ni les idolâtres, ni les adultères, ni les efféminés, ni ceux qui abusent d'eux-mêmes avec les hommes, ni les voleurs, ni les cupides, ni les ivrognes, ni les relâcheurs, ni les extorqueurs, n'hériteront du royaume de Dieu."

**(I Cor 6, 9-10)**

"Ainsi donc, si quelqu'un est en Christ, il est une création nouvelle; les choses anciennes ont disparu; voici, toutes choses sont devenues nouvelles."

**(2 Cor 5:17)**

"Car il a fait que Celui qui n'a pas connu le péché soit péché pour nous, afin que nous soyons rendus justes devant Dieu Lui-même."

**(2 Cor 5:21)**

"Mais Il était blessé pour nos transgressions, Il était meurtri pour nos iniquités, le châtiment pour notre paix est tombé sur Lui, et c'est par ses meurtrissures que nous sommes guéris. Nous étions tous égarés comme des brebis, chacun suivait sa propre voie, et le Seigneur a fait retomber sur lui notre faute à tous."

**(Isaïe 53:5-6)**

"Mais qu'est-ce que cela dit ? La parole est proche de toi, dans ta bouche et dans ton coeur' (c'est-à-dire la parole de foi que nous prêchons); que si tu confesses de ta bouche le Seigneur Jésus, et si tu crois dans ton coeur que Dieu l'a ressuscité des morts, tu seras sauvé. Car c'est en croyant du cœur qu'on obtient la justice, et c'est en confessant de la bouche qu'on obtient le salut."

**(Rom 10:8-10)**

"Repentez-vous, car le Royaume des cieux est tout proche."

**(Matthieu 3:2)**

# BIBLIOGRAPHIE

Iweka, T. (2006), *Manuel de formation à l'évangélisation Josea,* (Londres SE: Printed in UK).

Mohabir, P. (2003), *Les mains de Jésus, Ministères de l'Ascension quintuple* (Danemark: Powerhouse Publishing).

Upton, R. (2000). *Housing and Homelessness Officer*, London SE: Grove Books Ltd.

*Évangélisation de rue*

*Mission à l'orphelinat Shekinah*
*Accra, Ghana*

*Sensibilisation des sans-abri et des réfugiés*

*Distribution de la Bible aux*
*nouveaux convertis*

Pour la prière et les informations, contactez:

**Courriel:**

kennytnantwi@gmail.com

**Courriel:**

info@kingofsaleminternationalministries.org.uk

www.kingofsaleminternationalministries.org.uk

Printed in Great Britain
by Amazon